BRAIN PO

PUZZLES

Spanish Student Edition

Un Libro de Actividades de Crucigramas, Buscapalabras,
Sudoku, Laberintos, Palabras Secretas y Más

Volumen 5

Creado por

BOONE PATCHARD

Copyright ©2019 by Debra Chapoton

ISBN: 9781072070580
Imprint: Independently published
Printed in the USA

TABLA DE CONTENIDO

This puzzle book, created by a 30+ year Spanish teacher, is intended for students who have completed one year of Spanish.

It is also for anyone of any age who has previously learned Spanish and wants to brush up on vocabulary in a fun and entertaining way.

Buscapalabras

Características – (Nivel: Fácil)

```
O O S O Z E R E P O E L U I
P V E N E Z O L A N O I Y T
A O J A B O N I T A S N A C
U L S I M P A T I C O D F D
G A U B G B A A M I G A L A
R H A M E G O A F R I A A D
O O I O N O A H A E M C C R
P N B L E A N C C M A I O O
U E U O R O I A H A E M A G
O S R C O O E H C I H O N T
I T A S S Y H C A I L C H O
R O U O O N M U L A X E U K
E M O R E N O M T C R E N M
S G N C U B A N O T L H M O
```

ALTO	ALUMNA	ALUMNO	AMERICANO	PERSONA
AMIGA	AMIGO	BAJO	BONITA	MUCHACHA
CHILENO	SERIO	CÓMICA	CUBANO	COLOMBIANO
FEA	FLACO	GORDA	GENEROSO	SIMPÁTICO
GRACIOSO	HONESTO	GUAPO	LINDA	VENZOLANO
MEXICANO	MORENO	RUBIA	MUCHACHO	PEREZOSO

Sujetos en la Escuela Secundaria – (Nivel: Fácil)

```
a l e m á n a a c i s í f
t a s b i o l o g í a l s
s f p a r u a n a h i a i
n f a t c h í u c e c e h
n o ñ s á i r t i i n q a
f o o é l s t i t s e u v
e s l c c t e á é e i í a
l e e n u o m l m n c m c
n í t a l r o g t e q i i
m t t r o i e e i e t c s
l w y f a a g b r o i a ú
h r n g e o g r a f í a m
y i n g l é s a u g n e l
```

ALEMÁN	FRANCÉS	LATÍN	ARITMÉTICA
FÍSICA	LENGUAS	ARTE	GEOGRAFÍA
BIOLOGÍA	GEOMATRÍA	CIENCIAS	MATEMÁTICAS
HISTORIA	QUIMICA	CÁLCULO	INFORMÁTICA
ÁLGEBRA	ESPAÑOL	INGLÉS	MÚSICA

Materiales Escolares– (Nivel: Fácil)

```
m  t  o  l  h  i  d  u  e  n  c
m  d  o  l  á  p  i  z  e  a  b
m  i  f  u  n  n  s  e  l  t  g
s  a  a  i  l  a  q  c  l  e  n
o  n  r  e  d  a  u  c  j  p  i
n  a  g  c  m  l  e  o  a  r  o
j  s  í  u  a  b  t  p  g  a  r
l  a  l  d  n  d  e  t  i  c  e
s  p  o  f  d  l  o  s  n  l  f
o  r  b  i  l  k  n  r  a  n  i
a  l  i  h  c  o  m  o  u  p  o
```

BOLÍGRAFO	DISQUETE	MOCHILA
CALCULADORA	LIBRO	PAPEL
CARPETA	LÁPIZ	PLUMA
CUARDERNO	MARCADOR	

La Ropa – (Nivel: Fácil)

```
L C C R D O P C T M
A H E O E T A A H D
S A O P R M N L D D
B Q E A I B T C Z E
L U J S A N A E A S
U E E D T M L T P R
S T L G I E O I A O
A A C S N A N N T O
F H A P I A E E O C
A R R O G T S S S M
```

BLUSA	CHAQUETA	PANTLONES
CALCETINE	CORBATA	ROPA
CAMISA	FALDA	TRAJE
CAMISETA	GORRA	ZAPATOS

Los Colores — (Nivel: Fácil)

```
M N T Y L I S S H A
O A L D S O O R N N
R N O L L I R A M A
A I A H S I R G I R
D R O C N A L B E A
A R O D N H L V K N
S R O J A A E M E J
O D A S O R L U Z A
R D E R D H O B B D
A R G E N N D M O O
```

AMARILLO	GRIS	ROJO
ANARANJADA	MORADA	ROSADA
ANARANJADO	MORADO	ROSADO
AZUL	NEGRA	VERDE
BLANCA	NEGRO	ROJA
BLANCO		

Las Tiendas – (Nivel: Fácil)

```
h n n q p g t n i o y m h e y a
c p d l a í r e y o j e i h t u
o e p y a í r e l u d r e v e r
a l a t í d n e g z e c e d m e
d u n i r e n u a o b a y g h i
g q a n e c e i i b í d y l d a
h u d t t a h f r r o i h a i
t e e o e a í r e d a c s e p c
l r r r f h r l n e h r r l t a
i í í e a t e e c i t w m a u m
b a a r c t d m i l c v s d o r
r s t í s o n h j e p e r e i a
e r z a a z a í r e t e r r e f
r a p y a s v l e c h e r í a t
í f p z a p a t e r í a s a a e
a í r e r o l f l d s s e i i u
```

CAFETERÍA

CARNICERÍA

FARMACIA

FERRETERÍA

FLORERÍA

HELADERÍA

PASTERLERÍA

JUGUETERÍA

LAVANDERÍA

LECHERÍA

LIBRERÍA

MERCADO

PANADERÍA

PELUQUERÍA

PESCADERÍA

TINTORERÍA

VERDULERÍA

ZAPATERÍA

JOYERÍA

Meriendas y Bebidas – (Nivel: Fácil)

```
i h a n é u o i l b a
h r e f r e s c o s d
i g a l r e h c e l a
s c w c a t a u a e n
h t o i e d g p h e o
t y c r i r o a a l m
n i f l u s e s r h i
h ó l b t g p a e s l
r o m r r é o e l u c
n a e a s o k y r h q
h e r n j t h o o e b
```

BOCADILLO	JAMÓN	REFRESCOS
CAFÉ	LECHE	SOPA
CEREAL	LIMONADA	TÉ
HAMBURGUESA	POSTRE	YOGUR
HELADO	QUESO	

La Comida – (Nivel: Fácil)

```
r  n  s  z  a  o  o  o  t  s  c  w  e
n  n  h  o  o  d  a  c  s  e  p  x  i
c  a  a  a  c  r  f  i  t  t  s  b  p
d  r  b  g  a  s  r  f  a  a  e  p  c
r  a  i  u  r  o  i  a  i  m  t  o  u
e  n  c  h  n  b  j  r  j  o  n  l  c
e  j  h  c  e  s  o  n  a  t  a  l  p
p  a  u  e  p  h  l  g  d  m  s  o  f
i  s  e  l  a  t  e  g  e  v  i  r  a
e  l  l  n  n  r  s  o  v  e  u  h  t
n  m  a  n  z  a  n  a  s  t  g  n  u
r  z  s  e  i  h  o  p  a  p  a  s  n
a  e  n  s  a  w  a  s  i  n  u  m  l
```

ARROZ	HABICHUELAS	PAPAS
ATÚN	HUEVO	PESCADO
BIFTEC	LECHUGA	PLÁTANOS
CARNE	MANZANAS	POLLO
FRIJOLES	MARISCOS	TOMATES
FRUTAS	NARANJAS	VEGETALES
GUISANTES	PAN	ZANAHORIAS

Verbos — (Nivel: Fácil)

```
S V U H B U S C A R U
R I L R A R P O C N H
A V L R A R I M E D N
T I E S T A R P S E C
N R V R I B I R C S E
A I A E C R M E U E P
C B R B E O S N C A A
T I Y E A I M D H R G
S C L B T J E E A F A
O E H A B L A R R I R
D R R E D N E R P A B
```

APRENDER	DESEAR	MIRAR
BEBER	ESCRIBIR	NECESITAR
BUSCAR	ESCUCHAR	PAGAR
CANTAR	ESTAR	RECIBIR
COMER	HABLAR	SER
COMPRENDER	LEER	TRABAJAR
LLEVAR	VIVIR	

Materiales Escolares – (Nivel: Difícil)

```
                    f  c  k
                 k  m  b  i  e  t  y  o  s
              z  v  e  z  k  o  w  t  v  e  o  y  n
           z  e  j  s  o  b  q  n  c  g  e  v  b  g  u  r  r
        c  t  q  r  j  x  p  o  r  f  k  x  u  s  a  a  d  d  v
     i  a  l  i  b  r  o  k  p  e  h  k  s  t  q  y  m  p  g  m  v
     t  l  y  z  t  q  n  p  u  d  a  s  s  m  z  s  f  b  f  f  s
   m  x  c  q  r  o  d  a  c  r  a  m  p  o  g  w  i  i  w  q  t  v
   b  y  u  p  s  j  e  t  z  y  u  b  c  z  e  i  i  a  d  v  q  q  t
 b  m  o  l  f  w  u  o  h  h  k  c  h  u  i  g  c  g  g  c  m  j  t  e  w
 o  s  c  a  u  w  y  m  s  b  m  i  w  m  e  f  m  h  y  l  s  t  t  k  o
 k  p  x  d  r  y  r  a  q  s  l  u  v  k  e  s  p  p  p  x  y  a  p  u  c
b  x  v  o  o  r  c  h  a  q  a  l  j  c  c  a  e  y  s  x  n  v  k  t  a  x  y
f  v  x  o  r  a  z  p  e  e  u  x  x  k  n  z  r  y  i  b  f  z  i  p  a  l  m
y  a  v  l  a  u  l  s  x  i  p  h  h  b  a  m  b  o  l  í  g  r  a  f  o  f  f  a
 u  m  c  f  a  c  e  n  f  i  l  o  u  p  c  j  b  h  h  e  p  i  b  b  y
 t  r  r  x  b  m  z  p  a  n  g  r  q  o  r  j  b  j  s  c  e  f  l  t  h
 v  d  z  k  m  q  k  i  a  t  r  g  r  g  k  a  x  g  q  u  e  r  t  l  x
   v  h  g  q  v  m  p  z  p  e  i  f  i  i  h  p  g  h  w  u  v  e  a
   o  t  m  e  j  x  t  o  x  l  p  h  d  f  j  s  c  b  i  w  d  h  m
     e  p  t  c  l  g  w  y  o  b  r  x  m  t  y  v  p  v  i  d  y
     b  z  n  o  q  f  n  m  d  u  m  a  j  d  p  t  k  y  y  x  b
        o  o  h  f  g  q  f  j  l  w  w  c  u  n  e  y  g  n  p
           k  b  y  c  f  w  v  p  j  v  q  l  j  b  r  l  r
              b  f  e  t  a  m  u  l  p  s  o  q  k
                 c  k  b  a  f  l  x  a  u
                    f  u  l
```

bolígrafo	disquete	mochila
calculadora	libro	papel
carpeta	lápiz	pluma
cuaderno	marcador	

La Ropa – (Nivel: Difícil)

```
  U J Y                              X Q M
  J P W O J A                      D G Z S E D
J A F X K R S T S              A W O S D H U J N
H F Z T G Z U R F                I R W G V W S L T
O A Z I G W L A Q D            B R T D Y C M P F Q
L L Z H N N B J X C            A H T Y D U Z F Y R
I D Q T U P O E M F U      K J G W R B U F D Q V
A Y S O T A P A Z K A E E H D P I L H T T Y
  G O D X X I P L I F T D A X J Y J R X T
    Y P H F S R K C F A B J X T Q
        U T P A X R L B L
    X N T A U J T S C E R X A
    S T A N V A L T E R A R O U W
  C S U F T M P P Q C N U E P H C Y I A
  O E E T A M O P A W G I S Q T B S M Z T G
  A I D L C R M Y N G A T H D A I V Y J E Z
L S L O U D S A T G H L E C U V H G F R S U C
H V N Y O O K L J    G W C    Y T F C Q Y I A H
I E D Q Q T Q E M    F V L    Z L A I V Y M H Z
S C T Y V E Z W      I Z A    F J H W I A T O
W P U R H T B        G G C    S X S A C V C
  S N W F K          H V H      A H E X U
    O D N            F O S        I B W
                     Q I N
                     X L I
```

BLUSA	CHAQUETA	PANTALONES
CALCETINES	CORBATA	ROPA
CAMISA	FALDA	TRAJE
CAMISETA	GORRA	ZAPATOS

Los Colores – (Nivel: Difícil)

```
                                                        F  u
J  C  S  P  C  N  W  C  C  I  O  J  I  F  H  Q  C     B  P
Y  R  Y  O  M  O  Y  F  O  L  L  I  R  A  M  A  J     N  C
A  C                                      A  Q        I  L
J  N     V  B  B  J  Y  Y  L  V  D  F  G     E  I     C  P
O  E     B  L  A  N  C  A  Z  E  Y  Y  Y     W  Z     F  I
R  G     u  A                          V  G  G  N     L  I
D  R     F  N     O  J  O  R  u     E  C     O  R     K  J
H  O     Q  C     u  A  E  M  F     R  N     X  M     I  Q
A  E     Q  O     Q  Y     P  D     D  E     V  G     H  M
Z  A     Z  S     X  Q     u  M     E  G     V  S     I  O
u  N     Q  Z     K  W              R  R     Q  I     Z  R
L  A     E  Z     C  I  A  M  R  I  P  A     G  C     T  A
Y  R     E  N     D  B  J  O  S  R  G  G     Z  T     E  D
S  A     P  G                                G  D     N  O
V  N     P  L  O  T  I  R  F  T  A  E  Y  u  F  V     K  B
U  J     L  O  W  X  I  D  K  X  O  D  A  S  O  R     J  I
Q  A                                               N  V
N  D  S  F  Q  A  D  A  R  O  M  J  R  O  S  A  D  A  J  O
F  A  X  O  D  A  J  N  A  R  A  N  A  I  M  W  E  S  B  A
```

AMARILLO	GRIS	ROJO
ANARANJADA	MORADA	ROSADA
ANARANJADO	MORADO	ROSADO
AZUL	NEGRA	VERDE
BLANCA	NEGRO	
BLANCO	ROJA	

Las Tiendas – (Nivel: Fácil)

```
Z  V  A  I  C  A  M  R  A  F  T  C  K  V  D  T  B  Z  F  H  Q  E  X  Q
F  E  R  R  E  T  E  R  I  A  I  R  E  L  E  T  S  A  P  U  U  A  G  G
C  F  V  E  X  J  U  F  L  O  R  E  R  I  A  I  H  I  S  S  U  F  G  C
Y  H  X  I  R  F  V  L  E  C  H  E  R  I  A  W  J  K  F  X  A  O  M  Y
F  K  J  E  U  P  I  M  L  Y  T  I  N  T  O  R  E  R  I  A  N  X  E  R
M  V  L  K  A  V  A  I  R  E  L  U  D  R  E  V  C  Y  L  W  R  R  R  V
Y  O  V  R  Y  B  C  B  Y  P  A  N  A  D  E  R  I  A  G  Z  F  G  C  T
E  K  A  I  R  E  U  Q  U  L  E  P  E  J  O  Y  E  R  I  A  K  M  A  A
R  C  C  A  F  E  T  E  R  I  A  A  I  R  E  C  I  N  R  A  C  V  D  E
F  J  J  U  G  U  E  T  E  R  I  A  B  Z  O  E  W  M  P  L  I  O  O  P
T  T  P  E  S  C  A  D  E  R  I  A  I  R  E  D  A  L  E  H  I  M  J  S
F  L  A  V  A  N  D  E  R  I  A  I  R  E  T  A  P  A  Z  I  P  I  B  M
```

cafetería	juguetería	peluquería
carnicería	lavandería	pescadería
farmacia	lechería	tintorería
ferretería		verdulería
florería		zapatería
heladería	mercado	
	panadería	
joyería	pastelería	

Meriendas y Bebidas – (Nivel: Difícil)

```
        C M D G              u R V O
      B Q S Q E S          H F U X H T
    A I P E T W Q T      J R I G I Y W Y
  L H A S E U G R u B M A H A O S V Z Y T
T L Z A R O I P W V T X S V Q Y Q S Q U O K
W A C G N J Q C D W I S D S N E Q R D N Q L E A
W F D J Q D V I S A W P D E G G D U J O O L L A
B Q U A A Q T B R E H E H F X U B E F I T I R J
V Q K F N M Q I T J R C V L V P B H R C X D U F
E G E S J O O M F F E F U P C A F E L T G A T G
B I K F X H M N N L G I E M O K U L T Z S C N C
  W O Q J E M I F A T Z J R U S Y A E Y P O L
  S X O S E U Q L K K T K V O U J D I K Y B P
    K Q L Q Y Y P G F A L P Q N I O A M O L
      D W P P T U C T W A B P Z Y X H Z Z
        Z E Y L J V Z Q E F Y W P L K N
        G J X A K U O R O T A Z C Q
          L D F Q T O E D L R R C
          L Q T R B C I J L I
            L V S J R K W u
              G K E H W G
                C O T B
                  F J
```

bocadillo	jamón	refrescos
café	leche	sopa
cereal	limonada	té
hamburguesa	postre	yogur
helado	queso	

La Comida – (Nivel: Difícil)

```
                    D  L  M
                 K  X  T  M  F  X  Y  A  X
              F  D  O  U  R  H  W  X  K  U  Z  O  P
           Q  V  E  G  E  T  A  L  E  S  C  R  E  D  B  M  S
        H  Y  Q  Y  O  C  P  A  P  A  S  N  N  P  O  I  P  V  W
     B  C  P  L  S  D  T  L  K  H  J  C  I  N  D  L  M  B  H  H  B
     E  W  E  R  W  Q  H  S  O  N  A  T  A  L  P  M  P  V  J  Z  J
  T  Y  E  S  Q  V        I  S  R  B  E           N  U  T  A  F  X
  O  D  Z  C  U  F        F  U  G  L  I           Z  Q  F  B  V  B
  N  M  P  T  A  P  Y  S  E  L  O  J  I  R  F  C  F  C  Y  O  L  L  O  P  K
  D  A  V  X  D  L  Q  P  D  R  K  S  B  C  L  O  H  K  A  O  G  H  P  D  S
  M  T  Z  I  O  M  H  P  M  A  R  I  S  C  O  S  T  U  U  R  V  T  M  F  R
D  S  E  T  N  A  S  I  U  G  F  R  S  D  Y  W  Q  L  A  E  Q  C  B  F  S  M  K
Z  Y  S  W  P  S  Q  R  R  C  N  A  R  A  N  J  A  S  J  E  L  R  H  R  N  D  L
W  A  I  A  Q  J  H  L  Q  Y  D  J  X  H  U  E  V  O  S  A  N  A  Z  N  A  M  S
  S  N  P  S     J  Y  V  F  O  N  Q  J  W  B  E  U  O  U  P     S  J  S  Q
  W  L  A  K        M  P  P  B  K  M  J  G  K  V  N  E  O        S  X  B  C
  L  M  S  H  D        T  C  O  X  C  E  N  R  A  C  K        U  T  G  W  L
     X  K  Z  O  L                                      R  Z  K  E  X
     R  P  Y  O  R  U                                   C  T  S  L  Q  Y
        J  H  Y  R  I  C  K  D  E  X  K  K  L  S  T  B  J  G  L  X  P
        G  K  O  T  R  A  E  G  M  H  A  U  G  V  L  S  A  T  U  R  F
           X  P  B  Z  A  S  T  U  O  U  R  J  K  A  F  L  X  J  V
              L  S  T  V  W  O  F  P  K  X  I  C  N  A  A  X  L
              F  Z  N  K  W  I  I  D  Y  G  G  L  N
                 C  J  W  A  B  O  U  V  Q
                    Z  S  R
```

arroz	habichuelas	papas
atun	huevo	pescado
biftec		platanos
carne	manzanas	pollo
frijoles	mariscos	tomates
frutas	naranjas	vegetales
guisantes	pan	

Verbos – (Nivel: Fácil)

```
I  I        C  L  X        J  W  u        J  B  T        L  V  M
K  B  P        O  M  F        J  X  K        N  N  W        T  B  L
   O  R  V        M  A  R        G  G  C        Y  C  O        T  J  L
      F  A  I        E  R  A        R  L  B        R  L  Y        I  G  V
A     Q  E  V        R  Z  J        E  L  E        E  F  L        D  u
P  L     K  S  I        G  D  A        E  E  B        S  F  A        V
V  Z  T     W  E  R        P  K  B        L  V  E        T  B  Q
N  R  B        W  D  I        R  K  A        K  A  R        A  u  M
   E  I  J        E  X  u        C  S  R        R  R  P        R  Q  Q
T     C  B  K        O  B  S        A  E  T        H  J  X        W  L
J  A     E  I  L        G  S  C        R  R  F        D  H  N        X
K  V  B     S  R  K        W  M  R        A  A  I        V  R  X
   P  C  K        I  C  A        W  R  Z        C  H  A        F  P  X
      I  R  T        T  S  Z        C  A  R        S  C  V        B  u  N
Y        X  A  R        A  E  S        u  L  R        u  u  F        E  N
Z  A        u  G  A        R  J  S        L  B  E        B  C  Z        M
B  u  P        u  A  R        A  u  T        V  A  C        M  S  u
   S  C  R        H  P  P        T  S  D        X  H  I        F  E  F
      V  D  E        H  Q  O        N  J  J        L  Q  B        H  S  N
W        Y  L  N        R  G  C        A  T  A        R  J  I        M  Q
J  O        M  G  D        F  L  M        C  X  Q        A  W  R        N
I  O  L        I  P  E        G  Q  u        D  U  T        D  S  C
   H  W  W        R  I  R        S  S  N        I  V  R        S  H  Z
      X  W  W        A  J  E        Q  G  u        I  E  R        G  Q  C
         Y  u  S        R  P  Z        Q  P  D        I  H  X        F  S
```

APRENDER	DESEAR	MIRAR
BEBER	ESCRIBIR	NECESITAR
BUSCAR	ESCUCHAR	PAGAR
CANTAR	ESTAR	RECIBIR
COMER	HABLAR	SER
	LEER	TRABAJAR
	LLEVAR	VIVIR

Crucigramas
La Familia y La Casa

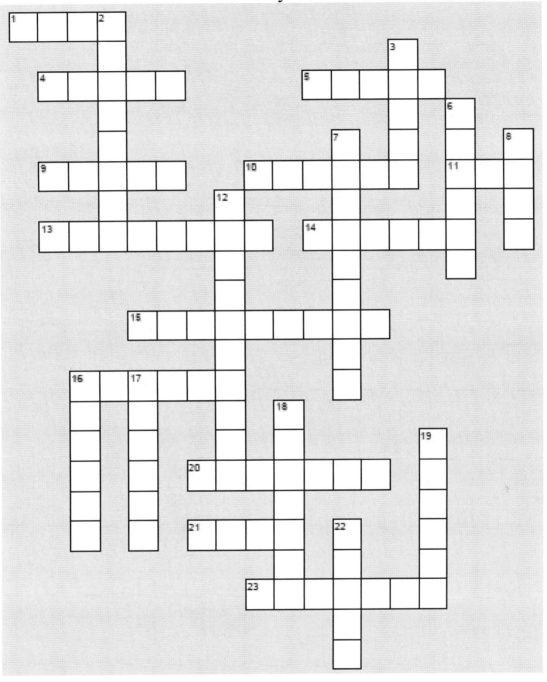

a través
across:

1: esposa
4: tío
5: mother
9: granddaughter
10: kitchen
11: aunt
13: nieto
14: garage
15: parents
16: room
20: nephew
21: living room
23: dining room

abajo
down:

2: stairs
3: girl cousin
6: padre
7: greatgrandfather
8: bathroom
12: bedroom
16: el hijo de tu tio
17: grandmother
18: brother
19: hermana
22: sobrina

Los Deportes

a través

across:

2: baseball
4: field
5: ball (large)
6: inning
8: glove
9: to pass
11: catcher
16: basketball
17: base
18: point
20: to make a basket
21: player
22: sports

abajo

down:

1: to dribble
3: court
6: tied
7: to score a goal
9: goalie
10: pitcher
12: stadium
13: soccer
14: outfielder
15: ball (small)
17: game
19: bat

El Cuerpo y La Salud

a través

1: energy
4: fever
6: la nariz
10: to cough
11: shivers
13: el brazo
16: el estómago
17: a pain
19: pills
21: la mano
22: the flu, la ___
23: tired
24: los ojos

abajo

2: sick
3: la boca
5: to sneeze
7: la receta
8: la cabeza
9: a cough
12: a symptom
14: el pie
15: la garganta
18: a cold (illness)
20: fever

El Verano y El Invierno

a través

1: cold

4: sand = la ___

9: to ski

10: to swim

12: beach resort = el ___

14: las gafas de sol o los ___ de sol

16: snow = la ___

18: summer = el ___

19: lotion

20: ski pole

abajo

2: wave = una ___

3: to snow

4: another word for swimming pool

5: beach = la ___

6: swimming pool = la ___

7: winter = el ___

8: sea = el ___

11: chairlift

12: to swim underwater

13: sky = el ___

15: cloud = la ___

17: towel

Eventos Culturales

a través

3: ticket booth
9: picture
10: ticket
12: scenery
13: to applaud
14: the big screen
18: ticket
20: theater seat
22: theater

abajo

1: movie
2: ticket booth
4: showing or exposition
5: sculptor
6: actress
7: escena
8: statue
11: curtain
15: artist
16: line (to get into theater)
17: work of art
19: museum
21: movie theater

¡Buen Viaje!

a través

3: to land
4: ticket
7: agent
10: flight crew
14: arrivals
15: to take off (on an airplane)
16: foreigner
18: to board
19: country (nation)
20: destination
22: passport
25: to check the ticket = ___ el boleto
26: passenger
27: claim ticket

abajo

1: to disembark
2: suitcase
5: luggage
6: boarding pass = ___ de embarque
8: baggage claim = ___ de equipaje
9: porter
11: airport
12: to inspect
13: scale
17: ticket counter
18: airplane
21: to claim (luggage)
23: seat
24: customs

¡Buen Viaje!

Cosas que Hacer (Verbos Reflexivos)

a través

3: brush

5: to fall asleep

8: to shave

9: to look at yourself

12: makeup

13: soap

16: to have fun

18: to wake up

19: routine

20: to brush your teeth = ___ los dientes

21: mirror

22: shaver = la ___

23: to sit down

24: to be named (to call yourself)

abajo

1: to shower

2: to put on clothes = ___ la ropa

4: to bathe

5: tube of toothpaste = tubo de pasta ___

6: to wash yourself

7: to get up

9: to put on makeup

10: to eat breakfast

11: shaving cream = la ___ de afeitar

14: toilet paper = rollo de papel ___

15: to go to bed

17: to comb your hair

20: shampoo

Cosas que Hacer (Verbos Reflexivos)

En el Restaurante

a través

4: oil

7: lamb

9: delicious

13: fork

14: to serve

15: cook

17: tablecloth

20: vinegar

24: eggplant

25: salt

26: corn

27: teaspoon

30: fish

31: lobster

34: glass

36: to reserve

37: meat

38: pepper

39: to fry

abajo

1: plate

2: to be hungry = tener ___

3: menu

5: cup

6: rice

7: knife

8: bill

10: money

11: waiter

12: tip

14: napkin

16: veal

18: seafood

19: saucer

21: spoon

22: clams

23: waitress

28: shrimp

29: artichoke

32: pork

33: to be thirsty = tener ___

35: garlic

En el Restaurante

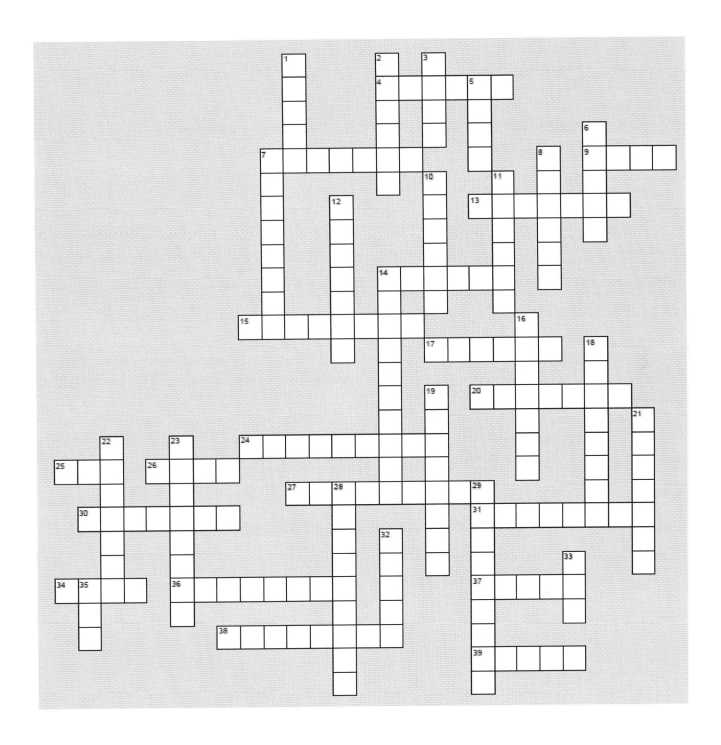

Crucigrama Avanzada – Vocabulario

a través

1: Hay una ___ delante de la taquilla al cine. Mucha gente quiere ver la película.

2: Una muchacha que no es fea es ___.

6: Un jugador de béisbol corre de una ___ a otra.

10: Porque hay tiburones en el mar, prefiero nadar en una ___.

11: Jaime tiene fiebre y dolor de estómago. Tiene que ir al médico porque está ___.

12: Los aviones despegan y atterizan aquí.

13: Duermes en una ___.

16: Cuando Juana no tiene nada que hacer Juana es ___.

17: Hace mucho frío y nieva en esta estacion.

18: La mano, la rodilla, y la pierna son partes del ___.

abajo

1: La ___ de baloncesto está en la escuela.

3: Un joven que pasa cinco días de la semana en una escuela es un ___.

4: Donde pasa las vacaciones cuando hace calor. Nada, bucea, y juega

5: Un pasajero puede llevar su ___ de mano en el avión.

7: Un tipo de boleto para entrar en un museo.

8: Un pasajero de avión tiene que facturar sus maletas. Tiene que ponerlas en la ___.

9: La ___ trabaja al bordo del avión

10: Los pasajeros tienen que pasar por el control de pasaportes cuando llegan de un ___ extranjero.

14: La madre de tu padre.

15: El ___ en el equipo de fútbol tiene que bloquear el balón.

Crucigrama Avanzada – Vocabulario

Crucigrama Avanzada – Conjugaciones

a través

1: They cut

4: You want (familiar)

7: He is (handsome)

10: You spend ($) (familiar)

11: You brush (familiar)

13: It's raining

15: It's snowing

16: They begin

18: We want

20: They cost

21: What's the weather like? ¿Qué tiempo ___?

23: I sleep

24: We are (here)

abajo

1: You cook (plural)

2: You wear (familiar)

3: I say

5: They get dressed = Se ___

6: She talks

8: You dance (familiar)

9: We repeat

12: They lose

14: You answer (formal)

15: I swim

17: We have

19: I start

22: What's happening? ¿Qué ___?

Crucigrama Avanzada – Conjugaciones

Crucigrama Sin Clúedos

Aquí están las palabras que quedan en la crucigrama:

<u>3 letras</u>

pie

<u>4 letras</u>

bate

mano

<u>5 letras</u>

brazo

campo

cesto

balón

<u>6 letras</u>

fútbol

guante

pelota

pierna

<u>7 letras</u>

jugador

portero

portera

béisbol

driblar

<u>8 letras</u>

bateador

platillo

portería

jugadora

<u>9 letras</u>

jardinero

<u>10 letras</u>

baloncesto

Crucigrama Sin Clúedos

Palabras Revueltas

Mueve las letras a su orden correcto y entonces dibuja una línea a su imagen

CBLLAAO_____

AVCA_____

ROOT_____

EORRP_____

TOGA_____

DRCOE_____

EGRIT_____

ÓELN_____

AEEELFNT_____

DEÍNLF_____

IUÓNRBT_____

AAOSTLNG_____

EIEESRPTN_____

ZEP _____

SOO _____

ÁAOROJ _____

IAAGFR _____

AEAMLLB_____

OEAJV _____

AAILLNG_____

AOLLG _____

OOISTLLP_____

Palabras Revueltas

Mueve las letras a su orden correcto y entonces dibuja una línea a su **palabra opuesta**

_____ TOLA ←

_____ ACFLA

_____ OOEAFSRRP

_____ OOENRM

_____ AAIIOBCSM

_____ EOIRS

_____ AOINBT

_____ AID

_____ AAUCCHHM

_____ AENDGR

_____ AONCLB

_____ AUNBE

_____ EEODHCR

_____ IEOTN

_____ UABCRS

_____ RI

_____ CEAAOSTRS

OARDG _____

OAJB _____

IOUBR _____

AUOLMN _____

OAENCNTRR _____

AIOOSCRG _____

AOEERZSP _____

EONRG _____

EEUOPQÑ _____

UDQIIERAZ _____

HHUOACCM _____

AOLM _____

AEF _____

OLUEAB _____

EEEDSPRTARS _____

NIRVE _____

CHNOE _____

Palabras en Flores

Hay una palabra en cada hoja de la flor pero falta una letra. Descubre cada palabra y la letra que tienen en común. Ejemplo: **Países**

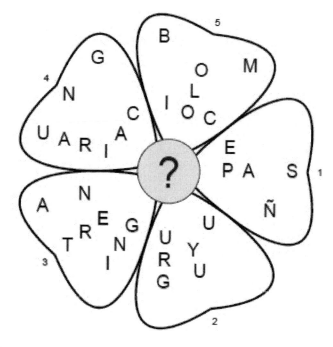

Hoja #1 ESPAÑA

Hoja #2 URUGUAY

Hoja #3 ARGENTINA

Hoja #4 NICARAGUA

Hoja #5 COLOMBIA

La letra en común: A

Deportes

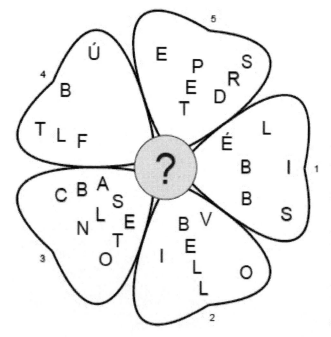

Hoja #1 _____

Hoja #2 _____

Hoja #3 _____

Hoja #4 _____

Hoja #5 _____

La letra en común: _____

Comestibles

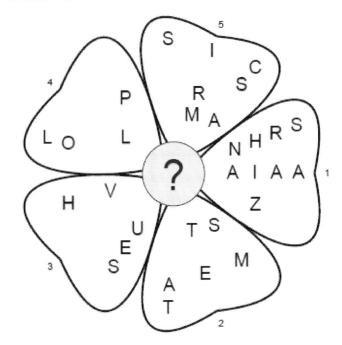

Hoja #1 _____

Hoja #2 _____

Hoja #3 _____

Hoja #4 _____

Hoja #5 _____

La letra en común: _____

Comida

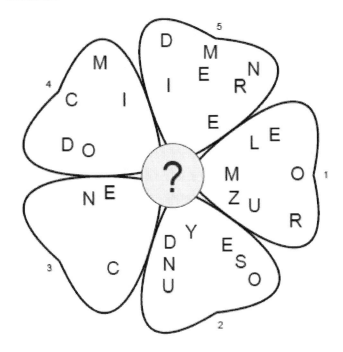

Hoja #1 _____

Hoja #2 _____

Hoja #3 _____

Hoja #4 _____

Hoja #5 _____

La letra en común: _____

Verbos

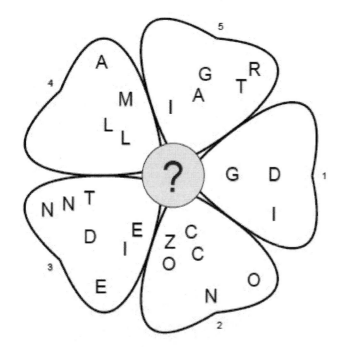

Hoja #1 _____

Hoja #2 _____

Hoja #3 _____

Hoja #4 _____

Hoja #5 _____

La letra en común: _____

Yo

Hoja #1 _____

Hoja #2 _____

Hoja #3 _____

Hoja #4 _____

Hoja #5 _____

La letra en común: _____

Direcciones

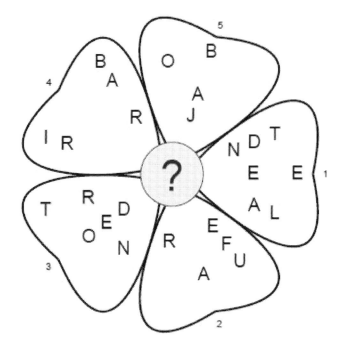

Hoja #1 _____

Hoja #2 _____

Hoja #3 _____

Hoja #4 _____

Hoja #5 _____

La letra en común: _____

Accentos

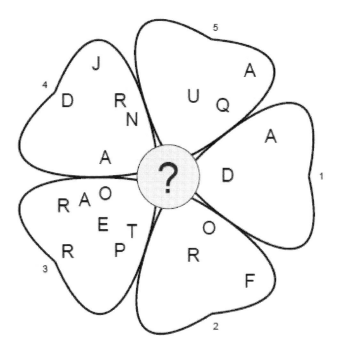

Hoja #1 _____

Hoja #2 _____

Hoja #3 _____

Hoja #4 _____

Hoja #5 _____

La letra en común: _____

Cuadrados de Palabras

Llena los cuadrados con letras como una crucigrama. La diferencia es que las palabras que se forman son las mismas, abajo y a través.

Ejemplo:

1. Type or "dude"
2. & 5. Large wading bird
3. & 6. Pine
4. & 7. Bears

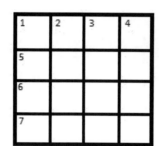

¹T	²I	³P	⁴O
⁵I	B	I	S
⁶P	I	N	O
⁷O	S	O	S

=

1. Zone
2. & 5. Buttonhole
3. & 6. Nothing
4. & 7. Wings

1. Scholarship
2. & 5. Echoes
3. & 6. Tail (or line)
4. & 7. To roast or grill

1. Clown (fool, idiot)
2. & 5. To pray
3. & 6. Short
4. & 7. Gold (plural)

1. Hand
2. & 5. Love
3. & 6. Grade
4. & 7. Spoken

1. House
2. & 5. Birds
3. & 6. Sign
4. & 7. To roast, grill

1. Alone
2. & 5. To pray
3. & 6. Necktie
4. & 7. Gold (plural)

1. You (formal, singular)
2. & 6. Smooth (slang "cool")
3. & 7. Appetizers
4. & 8. He evades
5. & 9. I desire, wish

1. To rob
2. & 6. Sunset
3. & 7. Bathrooms
4. & 8. He peeps (out window)
5. & 9. Roses

1. You (familiar) pass
2. & 6. Sand
3. & 7. Senile
4. & 8. She animates
5. & 9. Classrooms

1	2	3	4	5
6				
7				
8				
9				

1	2	3	4	5
6				
7				
8				
9				

1	2	3	4	5
6				
7				
8				
9				

Un Laberinto

Entrada

Salida

Buscapalabras con Mensajes Secretos

(Unused letters spell out a message)

1.

```
E   S   T   O   I   C   O   S   C   E

N   O   E   L   O   S   V   A   T   S

S   M   A   P   O   S   E   I   R   P

E   M   L   P   Á   R   J   C   A   E

B   U   S   L   A   E   A   I   I   C

A   E   I   M   R   A   S   L   D   T

D   C   S   E   L   E   I   I   O   R

O   A   T   B   D   R   L   M   R   O

O   A   B   A   N   C   O   E   E   S

R   O   S   N   E   C   S   A   S   S
```

ASCENSOR	BANCO	ENSEBADO	SEDAS
ESPECTROS	ESPOSO	ESTOICOS	SÁLICO
ISLA	MILICIAS	MUECA	TIJERETA
NOEL	OVEJAS	RELES	TRAIDORES

Mensaje secreto: _____

2.

```
A  M  O  T  I  N  A  R  O  N
F  R  A  L  U  L  E  C  E  B
A  S  R  T  O  N  I  H  C  R
R  O  A  O  U  A  D  S  I  U
I  A  N  H  G  B  B  D  A  S
J  A  O  A  P  A  E  A  A  C
R  L  D  F  T  D  N  A  C  O
A  E  I  U  A  U  X  T  A  Á
M  J  E  L  X  D  B  N  E  E
A  S  E  T  N  E  I  R  I  H
```

ABACÁ	BUTANO	CASI	CELULAR
AMOTINARON	CHINO	DEDAL	DONAR
ARROGANTE	DUDABA	EXUDA	FIJA
BRUSCO	HIRIENTE	HOLA	JIRAFA

Mensaje secreto: _____

3.

R	E	C	A	U	D	A	D	O	S
A	B	N	Ó	J	E	B	A	R	O
T	R	A	B	I	A	N	P	H	R
P	P	O	O	R	T	M	I	I	E
O	L	Ú	T	E	A	W	E	P	N
D	E	Ú	R	U	C	I	S	O	A
A	S	A	T	P	A	U	L	Z	P
E	Z	W	L	E	R	L	E	L	S
R	I	E	S	G	O	R	S	O	E
C	A	B	O	A	C	O	N	I	K

ABEJÓN   ATACAR   AUTORA   CAOBA

CON   ENBRAILLE   HIPO   ISLA

LÚTEA   LÚTEO   PANERO   PIES

POEMA   READOPTAR   RECAUDADOS   TASA

WEB   RIESGO

Mensaje secreto: _____

4.

D	D	D	A	N	Z	A	D	O	A
P	E	E	N	A	N	O	R	A	O
F	C	C	E	O	N	P	T	X	D
A	A	O	Ú	E	B	C	E	M	E
L	G	R	A	S	E	L	S	L	M
D	R	A	O	Y	P	P	E	A	O
O	A	T	N	L	L	I	A	A	T
N	M	I	B	D	A	R	D	A	I
E	O	V	I	S	H	A	C	E	V
S	T	O	S	T	A	D	O	R	A

DANZADO   DECAGRAMO   DECORATIVO   DIO

DECÚSPIDE   EMOTIVA   ENANO   FALDONES

FAROLA   HACE   INYECTA   OBLEA

PELO   PLEXO   TOSTADORA

Mensaje secreto: _____

5.

A	N	T	I	A	R	R	A	N	Q	B	R
T	C	R	O	N	O	L	Ó	G	I	C	O
E	O	I	E	O	A	N	A	E	O	P	B
R	Q	A	C	M	T	D	M	P	T	S	M
C	C	U	O	A	E	H	A	A	U	O	A
X	U	C	I	R	L	D	G	L	A	R	T
E	S	N	S	Á	E	A	I	R	B	T	C
D	U	I	A	I	N	N	D	A	S	O	A
G	R	A	S	O	S	G	I	O	D	N	P
A	P	I	E	Z	A	E	U	R	N	O	A
C	A	P	I	L	L	A	Ó	L	A	G	R
R	R	A	E	L	U	D	I	D	O	M	M

ACICALADO	ANTIARRANQ	AUTO	CAPILLA
COMA	CRONOLÓGICO	CRUPAL	CUNA
ELUDIDO	EQUIÁNGULO	EXCRETA	GAMA
GRSOS	MARINERO	OTROS	PIEZA
POBLADA	REMEDIADOR	SISEÓ	TAMBOR
USURPAR			

Mensaje secreto: _____

6.

```
D  O  R  M  I  T  O  R  I  O  D  A
E  E  H  E  B  S  A  T  A  R  A  D
A  A  P  C  C  T  A  T  R  I  A  A
G  R  C  O  N  I  L  L  M  O  Y  G
U  U  E  E  R  A  C  A  U  A  S  I
J  S  V  U  H  T  G  L  L  R  A  T
E  E  P  O  N  O  I  P  A  O  É  A
R  P  G  T  N  I  O  V  N  S  I  F
O  S  S  O  A  Z  Ó  N  I  A  O  N
S  E  M  A  C  G  A  N  R  D  A  L
B  O  N  O  T  E  M  P  E  G  A  R
C  Ó  D  I  G  O  S  O  B  M  A  D
```

AGUJEROS	ALTA	AMBOS	BONOTE	CÓDIGOS
DEPORTIVIDAD	GOCES	OTROS	PEGAR	PLAYA
DORMITORIO	FÉRULAS	RECICLA	REUNIÓN	REVENTA
ESPESURA	GANCHO	LOSA	ONZA	FATIGADA
MONOGAMIA				

Mensaje secreto: _____

CRIPTOGRAMAS

1. Conversación entre Juan y Doctora Vasquez: G = N

—¿XWI JMIGIF?— KQIPWGJN IH CIUMDS.

—JIGPS USHSQ UI DNEIYN A IFDNHSOQMSF.

2. Conversación entre Miguel y Pablo: Q = F

—RDHF CPLMNH. ¿OFE F WMLFU FH

VFHDGXNEYD RDI?

—GD EN. KUNQPNUD PU FH XPGN. RFI MGF

KNHPXMHF GMNOF TMN TMPNUD ONU.

3 . Conversación entre una profesora y su estudiante favorite: Q = J

—¿IFVOVK WJ IJPVJ, QRJO?

—WS KFVOIS, KVXSPJ, UVPS VKIJ DVY OS WJ

IVOLS.

—VKIJ EFVO, QRJO, WJ PVMFES AJXJOJ.

LATA DE LETRAS

¿Cuántas palabras puedes formar usando estas letras?

_____ _____ _____ _____ _____ _____ _____

_____ _____ _____ _____ _____ _____ _____

_____ _____ _____ _____ _____ _____ _____

_____ _____ _____ _____ _____ _____ _____

_____ _____ _____ _____ _____ _____ _____

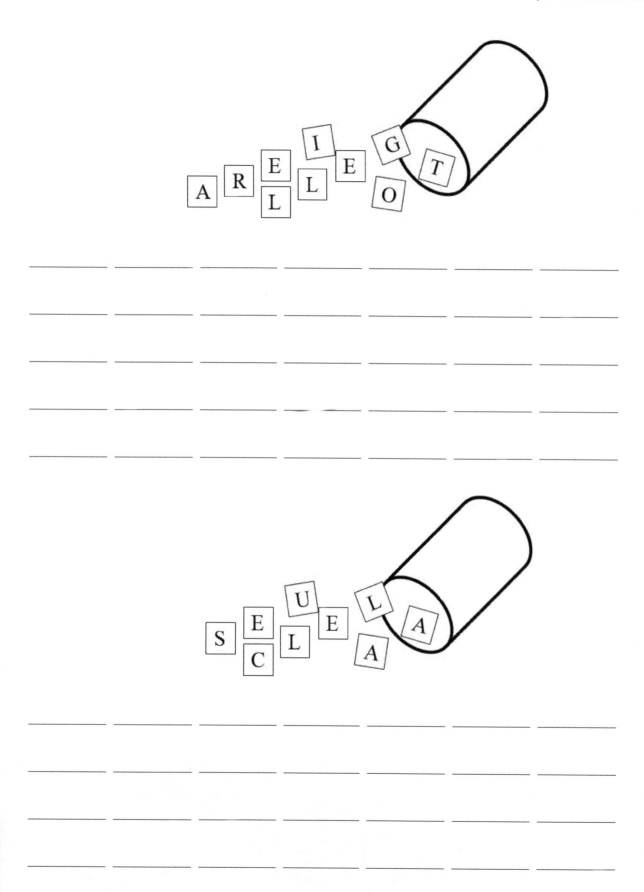

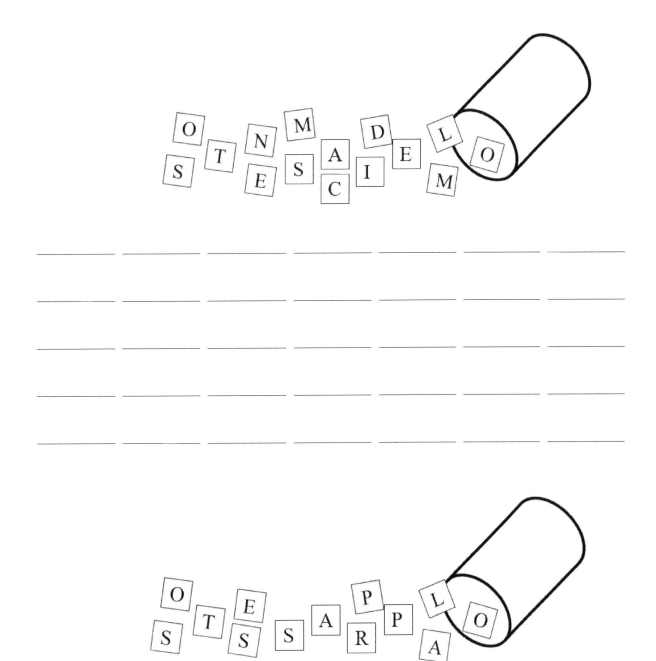

_____ _____ _____ _____ _____ _____ _____

_____ _____ _____ _____ _____ _____ _____

_____ _____ _____ _____ _____ _____ _____

_____ _____ _____ _____ _____ _____ _____

_____ _____ _____ _____ _____ _____ _____

_____ _____ _____ _____ _____ _____ _____

_____ _____ _____ _____ _____ _____ _____

_____ _____ _____ _____ _____ _____ _____

_____ _____ _____ _____ _____ _____

_____ _____ _____ _____ _____ _____

_____ _____ _____ _____ _____ _____

_____ _____ _____ _____ _____ _____

_____ _____ _____ _____ _____ _____

_____ _____ _____ _____ _____ _____

Entrada

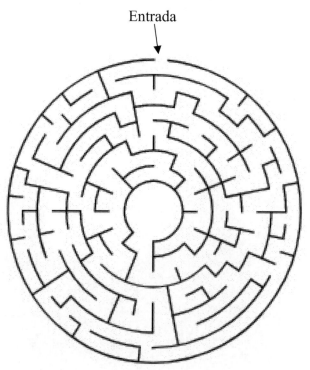

SUDOKU

1.

	6			9			8	
	9		1		3		6	4
7			2	6	8	9	3	
				4				
	8			5		3		
9		6						8
			6			2	8	
8		3				6	5	7
	4	9	5		7			3

2.

	9			3	6			
		5		2	4	7		9
			9				8	1
		2	7		8	9	1	
3	7		2				4	5
5	1			4			2	7
9		4	5		3			6
	5			8		1		
2		1						

3.

	4	9	8			3		5
				9				
			1		5		9	
7			3	1	6		8	9
				8			4	3
3	8			5		1		
8		2						4
	9	3	7		1	8	5	
4	7	5			8	9		

4.

				1		5	7	
1		7	4		9	8	6	
			7	6	8	3		9
	8	3	1					
6	1			7		5	8	
	5	9	6					1
4		6		1		9	3	5
	9		3	2	6	1	7	
3	7			9	4			8

5.

9		1					5	
			9	5				
	8			2	3	6		
3				5				6
					6			9
8				3			1	
	7	4	5		2	9		
	9		3			5		
	5	3	6				7	8

6.

			8		7		2	
	8		1	2				
	3	2	5		4	8		
								6
		4						
8								
5	1			6		4		
			4		7	3		
								1

7.

	1			6				
			4			1	6	
3	4	6	5	1	2			9
	3			4	6	8	2	7
6	7		2		8		5	4
4	8	2	9	7	5	3	1	6
1		7			9	5	4	8
	9	4	6	8		2		
8		3	7	5	4	6	9	1

8.

9		3	8	7	5		4	2
1	7		2		6	8	3	5
5			1	3	4			9
	1	7		8		6	5	
4	9	6	7			1	3	
8	3							7
	5		4	1	7	2	8	
		1	9		8			6
	2	8		6			4	9

9.

			7				4	
				2				
		4			8		7	5
					3			
								3
	3		2			1		4
4					2			
3	8			1		4	2	
	2	1	8					

10.

9		2	1		7		3	6
	1			2		9	7	
				5		1		
5			7		6	4		
	4	5	6					9
	6	1			7			
	2	3		8				4
	9		6	1	3	8		5
1		2						

11.

		8	2		7	5		1
7	5				9			
6	7		9	4	3			2
	2				8		3	6
	3	4	6	1		7	9	
		3				2	6	4
4				9			5	
5			7	1	2	4		

12.

		6		3	4		1	
3	4		9	1	8		2	
		9					4	
	2			7		5		
						2		4
		3	2					
6	9		4		7		5	3
			3		9			6
4	3					7		2

SUDOKU con PALABRAS

Palabras Cortas

BREAD, FISH, VOICE, ONE, TWO, THIRST, SALT, UGLY, SEA

	PAN	UNO	PEZ		DOS			
	FEO	VOZ		UNO			SED	
DOS	SED		PAN	VOZ				
FEO				DOS	PAN	PEZ		
PAN				MAR	VOZ		SAL	
	VOZ	MAR			SED		DOS	
		FEO	DOS		MAR		PAN	
		PEZ	VOZ				FEO	SED
VOZ	MAR			FEO		DOS		

Verbos Irregulares en la Forma de Yo

I MAKE, I GIVE, I KNOW, I PUT, I LEAVE, I AM, I AM, I SAY, I BRING

HAGO	DOY						PONGO	
	SÉ				SOY	SALGO	HAGO	
ESTOY					HAGO	SÉ		
SÉ	DIGO					DOY	SALGO	
SOY						PONGO	ESTOY	
PONGO					DOY	SOY		SÉ
DIGO			HAGO		SALGO			ESTOY
		SOY	TRAIGO	DIGO		HAGO		
		HAGO			SÉ	DIGO		PONGO

Palabras Cortas

YES, NO, IF, EYE, SEE, GOAL, THE, THE, FROM

				NO		SI	OJO	
		OJO		SI		DE		GOL
	SI		EN	OJO				
	OJO		EL		VER	EN		
VER					SI	LA		
					OJO	GOL	EL	VER
			OJO			EL		SI
EL				GOL		OJO		LA
OJO	DE		SI					EN

Soluciones:

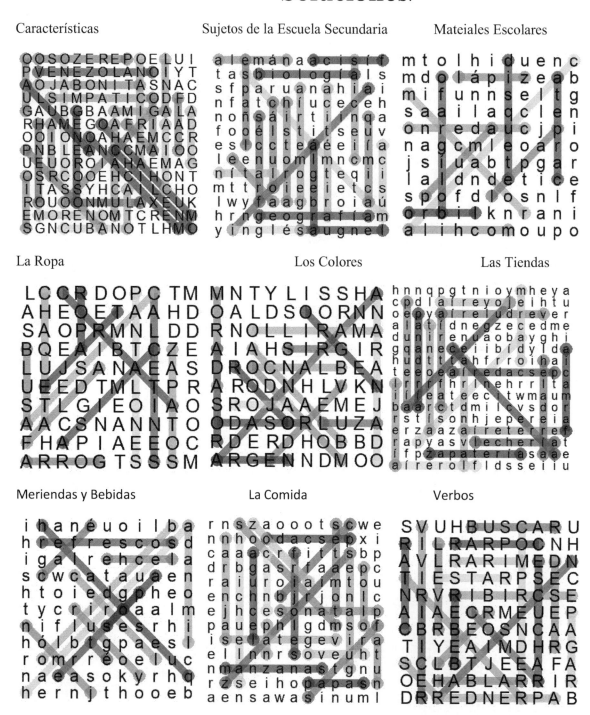

Características

```
OOSOZEREPOELUI
PVENEZOLANOIYT
AOJABONITASNAC
ULSIMPATICODFD
GAUBGBAAMIGALA
RHAMIGOAFRIAAD
OOIONOAHAEMCCR
PNBLEANCCMAIOO
UEUOROIAHAEMAG
OSRCOOEHCIHONT
ITASSYHCAILCHO
ROUOONMULAXEUK
EMORENOMTCRENM
SGNCUBANOTLHMO
```

Sujetos de la Escuela Secundaria

```
alemánaacisif
tasbiologials
sfparuanahiai
nfatchiuceceh
noñsártinqa
fooélstitseuv
eslccteaéeifa
leenuommncmc
nítalrogteqi
mttroieeietcs
lwyfaagbroiaú
hrngeografiam
yinglésaugnel
```

Mateiales Escolares

```
mtolhiduenc
mdolápizeab
mifunnseltg
saailaqclen
onredaucjpi
nagcmleoaro
jsiuabtpgar
laldndetice
spofdlosnlf
orbiiknrani
alihcomoupo
```

La Ropa

```
LCCRDOPC TM
AHEOETAA HD
SA OPRMNL DD
BQEAIBTCZE
LUJSANAEAS
UEED TMLTPR
STLGIEOIAO
AACSNANNTO
FHAPIAEEOC
ARROGTSSSM
```

Los Colores

```
MNTY LISSHA
OALDSOORNN
RNOLLIRAMA
AIAHSIRGIR
DROCNALBEA
ARODNHLVKN
SROJAAEMEJ
ODASORLUZA
RDERDHOBBD
ARGENNDMOO
```

Las Tiendas

```
hnnqpgtnioymheya
cpdlaireyojeihtu
oepyaireludrever
alatidnegzecedme
dunirenuaobayghi
gqaneceiibidylda
hudttlahfrroiha
teeoealredacsego
lrijfhrinehrrlta
ileateecitwmaum
baarctdmilcvsdor
rstisonhjeperei a
erzaazaireterred
rapyasvlecherlat
ífpzapateriasae
aireroifldsseiiu
```

Meriendas y Bebidas

```
ihaneuoilba
hrefrescosd
igalrehcela
scwcatauaen
htoiedgpheo
tycriroaalm
niflusesrhi
hólbtgpaesl
romrréoeluc
naeasokyrhq
hernjthooeb
```

La Comida

```
rnszaoootscwe
nnhoodacsepxi
caaacriitsbp
drbgasfaaepc
raiuroiaimtou
enchnbjrjonlc
ejhcesonatalp
pauephlgdmsof
iselategevira
ellnnrsoveuht
nmanzanastgnu
rzseihopapas
aensawasinuml
```

Verbos

```
SVUHBUSCARU
RILRARPOOCNH
AVLRARIMEDN
TIESTARPSEC
NRVRIBIRCSE
AIAEORMEUEP
CBRBEOSNCAA
TIYEAIMDHRG
SCLBTJEEAFA
OEHABLARRIR
DRREDNERPAB
```

Materiales Escolares

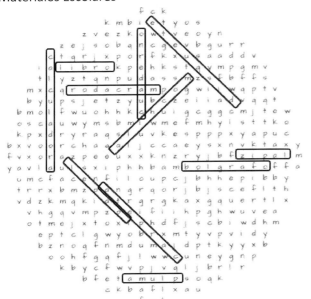

La Ropa

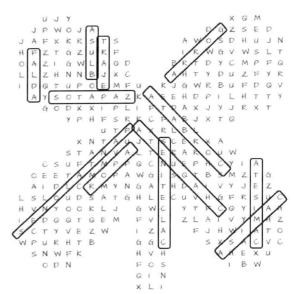

Los Colores

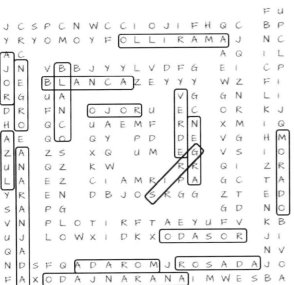

Las Tiendas

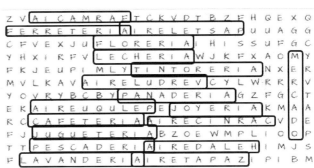

Meriendas y Bebidas

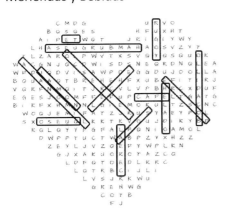

La Comida

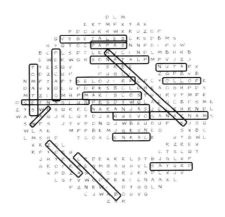

Verbos

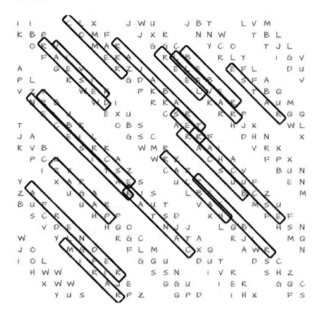

Crucigramas

La Familia y La Casa

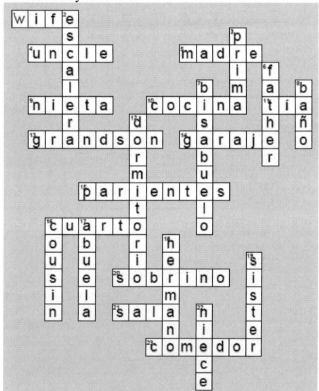

Los Deportes

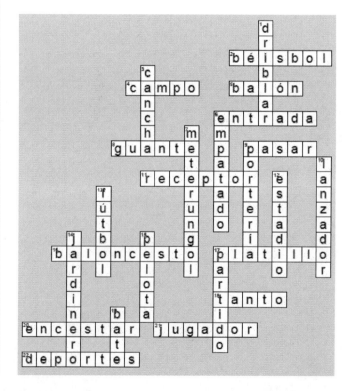

El Cuerpo y La Salud

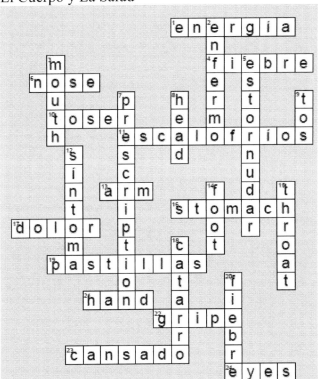

El Verano y El Invierno

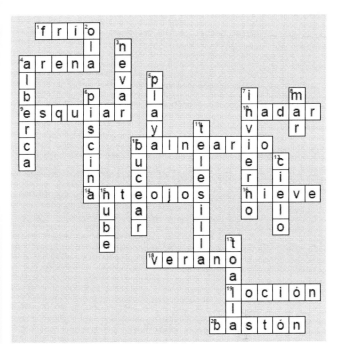

Eventos Culturales

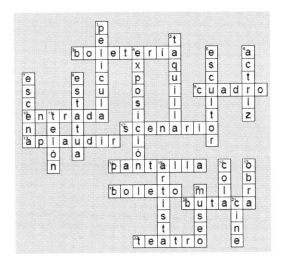

¡Buen Viaje!

Cosas que Hacer

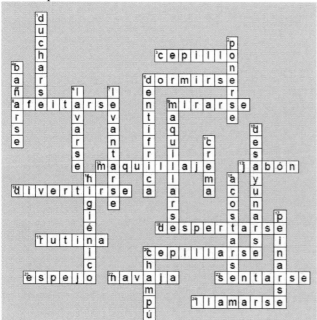

En el Restaurante

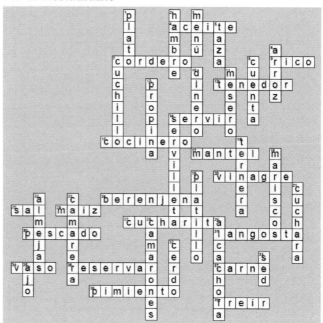

Crucigrama Avanzada – Vocabulario

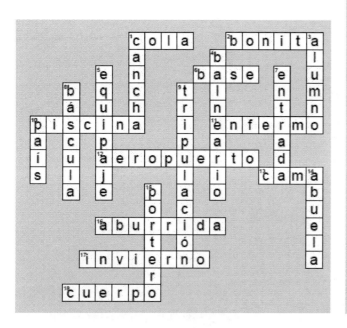

Crucigrama Avanzada – Conjugaciones

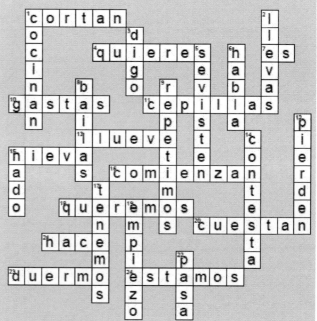

Crucigrama Sin Clúedos

Palabras Revueltas - Animales

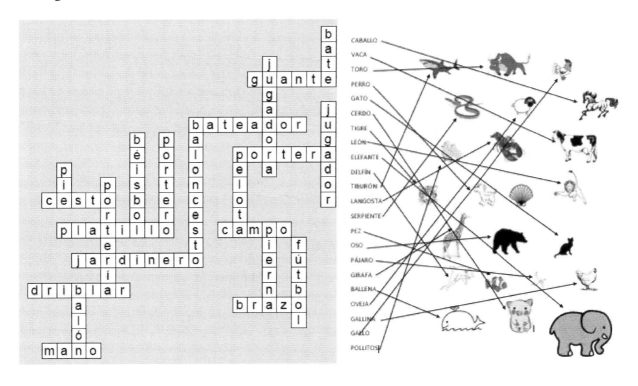

Find more BRAIN POWER PUZZLE books on Amazon.

Palabras Revueltas – opuestas

ALTO TOLA → OARDG *GORDA*

FLACA ACFLA → OAJB *BAJO*

PROFESORA OOEAFSRRP → IOUBR *RUBIO*

MORENO OOENRM → AUOLMN *ALUMNO*

AMBICIOSA AAIIOBCSM → OAENCNTRR *ENCONTRAR*

SERIO EOIRS → AIOOSCRG *GRACIOSO*

BONITA AOINBT → AOEERZSP *PEREZOSO*

DÍA AÍD → EONRG *NEGRO*

MUCHACHA AAUCCHHM → EEUOPQÑ *PEQUEÑO*

GRANDE AENDGR → UDQIIERAZ *IZQUIERDA*

BLANCO AONCLB → HHUOACCM *MUCHACHO*

BUENA AUNBE → AOLM *MALO*

DERECHO EEODHCR → AEF *FEA*

NIETO IEOTN → OLUEAB *ABUELO*

BUSCAR UABCRS → EEEDSPRTARS *DESPERTARSE*

IR RI → NIRVE *VENIR*

ACOSTARSE CEAAOSTRS → CHNOE *NOCHE*

Palabras en Flores Letra O - Deportes

The word on leaf 1 is: BÉISBOL

The word on leaf 2 is: VOLEIBOL

The word on leaf 3 is: BALONCESTO

The word on leaf 4 is: FÚTBOL

The word on leaf 5 is: DEPORTES

Letra O - Comestibles

The word on leaf 1 is: ZANAHORIAS

The word on leaf 2 is: TOMATES

The word on leaf 3 is: HUEVOS

The word on leaf 4 is: POLLO

The word on leaf 5 is: MARISCOS

Letra A – Comidas

The word on leaf 1 is: ALMUERZO

The word on leaf 2 is: DESAYUNO

The word on leaf 3 is: CENA

The word on leaf 4 is: COMIDA

The word on leaf 5 is: MERIENDA

Letra E - Verbos

The word on leaf 1 is: NECESITAR

The word on leaf 2 is: RECIBIR

The word on leaf 3 is: PERMITIR

The word on leaf 4 is: SABER

The word on leaf 5 is: CONOCER

Letra O – Yo

The word on leaf 1 is: DIGO

The word on leaf 2 is: CONOZCO

The word on leaf 3 is: ENTIENDO

The word on leaf 4 is: LLAMO

The word on leaf 5 is: TRAIGO

Letra Í – Accentos

The word on leaf 1 is: DÍA

The word on leaf 2 is: FRÍO

The word on leaf 3 is: PORTERÍA

The word on leaf 4 is: JARDÍN

The word on leaf 5 is: AQUÍ

Letra A - Direcciones

The word on leaf 1 is: ADELANTE

The word on leaf 2 is: AFUERA

The word on leaf 3 is: ADENTRO

The word on leaf 4 is: ARRIBA

The word on leaf 5 is: ABAJO

Word Squares

Z	O	N	A
O	J	A	L
N	A	D	A
A	L	A	S

B	E	C	A
E	C	O	S
C	O	L	A
A	S	A	R

B	O	B	O
O	R	A	R
B	A	J	O
O	R	O	S

M	A	N	O
A	M	O	R
N	O	T	A
O	R	A	L

C	A	S	A
A	V	E	S
S	E	N	A
A	S	A	R

S	O	L	O
O	R	A	R
L	A	Z	O
O	R	O	S

U	S	T	E	D
S	U	A	V	E
T	A	P	A	S
E	V	A	D	E
D	E	S	E	O

R	O	B	A	R
O	C	A	S	O
B	A	Ñ	O	S
A	S	O	M	A
R	O	S	A	S

P	A	S	A	S
A	R	E	N	A
S	E	N	I	L
A	N	I	M	A
S	A	L	A	S

Buscapalabras con mensaje secreto

COMPRA MÁS LIBROS.

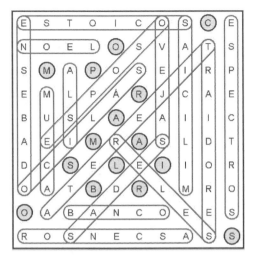

ESTUDA PARA EXAMENES

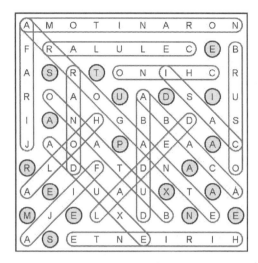

BRAIN POWER PUZZLES ROCK

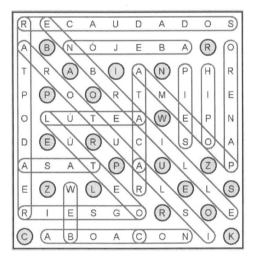

APRENDE MÁS PALABRAS

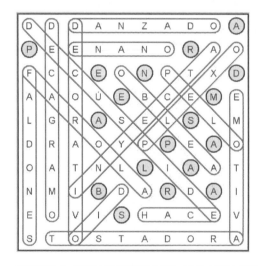

BOONE PATCHARD IS AN ANAGRAM

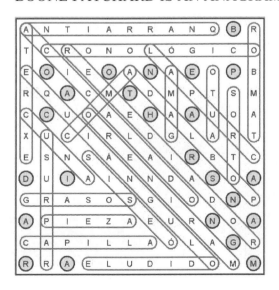

DEBRA CHAPOTON IS AN ANAGRAM

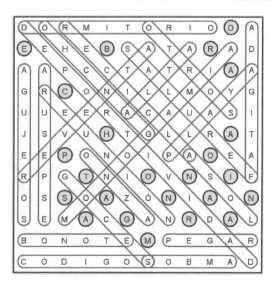

Criptogramas

1.

—¿QUÉ TIENES? – PREGUNTA EL MÉDICO.

—TENGO DOLOR DE CABEZA Y ESCALOFRÍOS.

2.

—HOLA MIGUEL. ¿VAS A JUGAR AL BALONCESTO HOY?

—NO SÉ. PREFIERO IR AL CINE. HAY UNA PELÍCULA NUEVA QUE QUIERO VER.

3.

—¿TIENES LA TAREA, JUAN?

—LO SIENTO, SEÑORA, PERO ESTA VEZ NO LA TENGO.

—ESTÁ BIEN, JUAN, LA RECIBO MAÑANA.

Latas de Palabras

1.

FLOR	FLORES	FEO	PALOS	ROPAS	PASE	FARO
FAROS	PALO	RASA	FEA	ALA	ORAL	PÁSALE
PASO	POR	FEOS	ALAS	ORALES	SALE	ROSA
PASA	PARA	FEAS	ROPA	PÁRALE	SALA	SOPA
SOFÁ	PERLA	PERLAS	REAL	PROFESOR	EL	LA
ORAR	ORO	OROS	ORA	PROFESORA	LOS	LAS
OSO						

2.

REGALO	GATO	GALLO	GALLITO	EL	REGALITO
GOL	TRIGO	TRAIGO	TRAE	LA	RATO
IR	REÍR	RÍ	LAGO	TAL	GRITO
OTRA	TRAGO	REAL	LEGAL	TIGRE	

3.

ESCUELA	CASA	SACA	CALLE	SALA	ALA	ALAS
CALLA	CALLAS	ES	ESE	ESA	ESCALA	

4.

MEDICAMENTOS	MIENTE	MIENTES	MOMENTO	MOMENTOS
MEDICAMENTO	MÉDICO	MÉDICA	DICE	DICEN
DICES	DOS	DA	DAN	SAL
SEIS	SIETE	ONCE	DOCE	TOS
TOSE	TOSEN	SOLO	SOLA	SOLOS	SOLAS

5.

PASAPORTE	EL	PASA	PASAPORTES	PASAS	PASO
PALO	LA	PALOS	ALA	ALAS	PAPA
PAPAS	LOS	TAPA	TAPAS	SOLO	SOLA

SOLOS	SOLAS	SOL	SOLES	PLATO	PLATOS
SAPO	SAPOS	PARASOL	PARASOLES	SOPA	SOPAS
ORALES	ORAL	POR	PARA	PARTE	PARTES
PATO	PATOS	RATA	RATAS	LATA	LATAS
SAL	TAL	PASTA	PASTEL	POSTAL	POSTALES
ROPA	ROPAS				

6.

EL	BALÓN	TOS	CESTO	BALONES	BALONCESTO
LA	SAL	TAL	COSTA	COLA	COLAS
LOS	OLA	OLAS	BATE	BATES	LEE
LAS	LEES	TE	TALÓN	TALONES	SOLO
SOLA	SANTO	ESO	ESE	ESA	ESTE
ESTA	ESTO	ONCE	NOTA	NOTAS	ANTES
CANTO	TOCA	TOCO	TOCAS	TOCAN	BOCA
BOCAS	BOTE	BOTES	LEÓN	LEONES	TONO
TONOS	SALÓN	CALLE	CALLES		

Sudoku

1.

3	6	2	4	9	5	7	8	1
5	9	8	1	7	3	2	6	4
7	1	4	2	6	8	9	3	5
2	3	7	8	4	9	5	1	6
4	8	1	7	5	6	3	9	2
9	5	6	3	2	1	4	7	8
1	7	5	6	3	2	8	4	9
8	2	3	9	1	4	6	5	7
6	4	9	5	8	7	1	2	3

2.

1	9	7	8	3	6	5	4	2
8	3	5	1	2	4	7	6	9
4	2	6	9	7	5	3	8	1
6	4	2	7	5	8	9	1	3
3	7	9	2	6	1	4	5	8
5	1	8	3	4	9	6	2	7
9	8	4	5	1	3	2	7	6
7	5	3	6	8	2	1	9	4
2	6	1	4	9	7	8	3	5

3.

1	4	9	8	6	2	3	7	5
5	6	7	4	9	3	2	1	8
2	3	8	1	7	5	4	9	6
7	2	4	3	1	6	5	8	9
9	5	1	2	8	7	6	4	3
3	8	6	9	5	4	1	2	7
8	1	2	5	3	9	7	6	4
6	9	3	7	4	1	8	5	2
4	7	5	6	2	8	9	3	1

4.

9	6	8	2	3	1	4	5	7
1	3	7	4	5	9	8	6	2
5	4	2	7	6	8	3	1	9
2	8	3	1	4	5	7	9	6
6	1	4	9	7	2	5	8	3
7	5	9	6	8	3	2	4	1
4	2	6	8	1	7	9	3	5
8	9	5	3	2	6	1	7	4
3	7	1	5	9	4	6	2	8

5.

9	2	1	4	6	8	3	5	7
4	3	6	9	5	7	8	2	1
7	8	5	1	2	3	6	9	4
3	1	2	7	9	5	4	8	6
5	4	7	8	1	6	2	3	9
8	6	9	2	3	4	7	1	5
1	7	4	5	8	2	9	6	3
6	9	8	3	7	1	5	4	2
2	5	3	6	4	9	1	7	8

6.

6	4	1	8	3	7	5	2	9
7	8	5	1	2	9	3	6	4
9	3	2	5	6	4	8	1	7
3	5	9	2	1	8	4	7	6
1	7	4	6	9	3	2	5	8
8	2	6	4	7	5	1	9	3
5	1	3	7	8	6	9	4	2
2	6	8	9	4	1	7	3	5
4	9	7	3	5	2	6	8	1

7.

2	1	9	8	6	7	4	3	5
7	5	8	4	9	3	1	6	2
3	4	6	5	1	2	7	8	9
9	3	5	1	4	6	8	2	7
6	7	1	2	3	8	9	5	4
4	8	2	9	7	5	3	1	6
1	6	7	3	2	9	5	4	8
5	9	4	6	8	1	2	7	3
8	2	3	7	5	4	6	9	1

8.

9	6	3	8	7	5	1	4	2
1	7	4	2	9	6	8	3	5
5	8	2	1	3	4	7	6	9
2	1	7	3	8	9	6	5	4
4	9	6	7	5	1	3	2	8
8	3	5	6	4	2	9	1	7
6	5	9	4	1	7	2	8	3
3	4	1	9	2	8	5	7	6
7	2	8	5	6	3	4	9	1

9.

2	6	3	7	5	1	9	4	8
5	7	8	9	2	4	3	1	6
1	9	4	6	3	8	2	7	5
6	1	5	4	9	3	7	8	2
9	4	2	1	8	7	6	5	3
8	3	7	2	6	5	1	9	4
4	5	9	3	7	2	8	6	1
3	8	6	5	1	9	4	2	7
7	2	1	8	4	6	5	3	9

10.

9	4	2	1	8	7	5	3	6
3	1	5	4	2	6	9	7	8
8	7	6	9	3	5	4	1	2
5	8	9	3	7	2	6	4	1
7	3	4	5	6	1	2	8	9
2	6	1	8	9	4	7	5	3
6	2	3	7	5	8	1	9	4
4	9	7	6	1	3	8	2	5
1	5	8	2	4	9	3	6	7

11.

2	4	1	8	5	9	6	7	3
3	9	8	2	6	7	5	4	1
7	5	6	4	3	1	9	2	8
6	7	5	9	4	3	8	1	2
1	2	9	5	7	8	4	3	6
8	3	4	6	1	2	7	9	5
9	1	3	7	8	5	2	6	4
4	8	2	3	9	6	1	5	7
5	6	7	1	2	4	3	8	9

12.

2	7	6	5	3	4	9	1	8
3	4	5	9	1	8	6	2	7
1	8	9	7	6	2	3	4	5
8	2	4	6	7	1	5	3	9
7	5	1	8	9	3	2	6	4
9	6	3	2	4	5	8	7	1
6	9	2	4	8	7	1	5	3
5	1	7	3	2	9	4	8	6
4	3	8	1	5	6	7	9	2

Laberintos

Other books by Debra Chapoton include:

Non-fiction:

HOW TO BLEND FAMILIES A guide for stepparents

BUILDING BIG PINE LODGE A journal of our experiences building a full log home

CROSSING THE SCRIPTURES A Bible Study supplement for studying each of the 66 books of the Old and New Testaments.

BRAIN POWER PUZZLES volumes 1 – 4 (written under the anagram of my name: Boone Patchard) A collection of assorted puzzles including wordsearches, crosswords, word play, mazes, Sudoku, rullo and other math puzzles, cryptograms, anagrams, pictograms, and more.

Fiction:

THE GIRL IN THE TIME MACHINE A desperate teen with a faulty time machine. What could go wrong? 17-year-old Laken is torn between revenge and righting a wrong. SciFi suspense.

THE TIME BENDER A stolen kiss could put the universe at risk. Selina doesn't think Marcum's spaceship is anything more than one heck of a science project ... until he takes her to the moon and back.

THE TIME PACER Alex discovered he was half-alien right after he learned how to manipulate time. Now he has to fight the star cannibals, fly a space ship, work on his relationship with Selina, and stay clear of Coreg, full-blooded alien rival and possible galactic traitor. Once they reach their ancestral planet all three are plunged into a society where schooling is more than indoctrination

THE TIME STOPPER Young recruit Marcum learns battle-craft, infiltration and multiple languages at the Interstellar Combat Academy. He and his arch rival Coreg jeopardize their futures by exceeding the space travel limits and flying to Earth in search of a time-bender. They find Selina whose ability to slow the passage of time will be invaluable in fighting other aliens. But Marcum loses his heart to her and when Coreg takes her twenty light years away he remains on Earth in order to develop a far greater talent than time-bending. Now he's ready to return home and get the girl.

THE TIME ENDER Selina Langston is confused about recurring feelings for the wrong guy/alien. She's pretty sure Alex is her soulmate and Coreg should not be trusted at all. But Marcum ... well, when he returns to Klaqin and rescues her she begins to see him in a different light.

EDGE OF ESCAPE Innocent adoration escalates to stalking and abduction in this psychological thriller. Also available in German, titled SOMMERFALLE.

THE GUARDIAN'S DIARY Jedidiah, a 17-year-old champion skateboarder with a defect he's been hiding all of his life, must risk exposure to rescue a girl that's gone missing.

SHELTERED Ben, a high school junior, has found a unique way to help homeless teens, but he must first bring the group together to fight against supernatural forces.

A SOUL'S KISS When a tragic accident leaves Jessica comatose, her spirit escapes her body. Navigating a supernatural realm is tough, but being half dead has its advantages. Like getting into people's thoughts. Like taking over someone's body. Like experiencing romance on a whole new plane - literally.

EXODIA By 2093 American life is a strange mix of failing technologies, psychic predictions, and radiation induced abilities. Tattoos are mandatory to differentiate two classes, privileged and slave. Dalton Battista fears that his fading tattoo is a deadly omen. He's either the heir of the brutal tyrant of the new capital city, Exodia, or he's its prophesied redeemer.

OUT OF EXODIA In this sequel to EXODIA, Dalton Battista takes on his prophesied identity as Bram O'Shea. When this psychic teen leads a city of 21st century American survivalists out from under an oppressive regime, he puts the escape plan at risk by trusting the mysterious god-like David Ronel.

TO DIE UPON A KISS This is a young adult, dystopian gender-swapped retelling of Shakespeare's *Othello*.

Children's Books:

THE SECRET IN THE HIDDEN CAVE 12-year-old Missy Stark and her new friend Kevin Jackson discover dangerous secrets when they explore the old lodge, the woods, the cemetery, and the dark caves beneath the lake. They must solve the riddles and follow the clues to save the old lodge from destruction.

MYSTERY'S GRAVE After Missy and Kevin solved THE SECRET IN THE HIDDEN CAVE, they thought the rest of the summer at Big Pine Lodge would be normal. But there are plenty of surprises awaiting them in the woods, the caves, the stables, the attic and the cemetery. Two new families arrive and one family isn't human.

BULLIES AND BEARS In their latest adventure at Big Pine Lodge, Missy and Kevin discover more secrets in the caves, the attic, the cemetery and the settlers' ruins. They have to stay one step ahead of four teenage bullies, too, as well as three hungry bears. This summer's escapades become more and more challenging for these two twelve-year-olds. How will they make it through another week?

A TICK IN TIME 12-year-old Tommy MacArthur plunges into another dimension thanks to a magical grandfather clock. Now he must find his way through a strange land, avoid the danger lurking around every corner, and get back home. When he succeeds he dares his new friend Noelle to return with him, but who and what follows them back means more trouble and more adventure.

BIGFOOT DAY, NINJA NIGHT When 12-year-old Anna skips the school fair to explore the woods with Callie, Sydney, Austin, and Natalie, they find evidence of Bigfoot. No way! It looks like his tracks are following them. But that's not the worst part. And neither is stumbling upon Bigfoot's shelter. The worst part is they get separated and now they can't find Callie or the path that leads back to the school.

In the second story Luke and his brother, Nick, go on a boys only camping trip, but things get weird and scary very quickly. Is there a ninja in the woods with them? Mysterious things happen as day turns into night.

THE TUNNEL series Beginning with Nick Bazebahl and the Forbidden Tunnels this 6 book series follows Nick and Samantha on a fantastical journey.

Website: www.bigpinelodgebooks.com

Made in the USA
Columbia, SC
30 May 2021

38764209R00043